CW01677222

Brûlé au soleil de Dieu

NICOLAS BUTTET

Brûlé au soleil de Dieu

Propos recueillis par
BÉNÉDICTE FREYSSELINARD

Préface par
BLANDINE DE DINECHIN

Paroles pour vivre

LES ÉDITIONS DU CERF
PARIS
1998

© *Les Éditions du Cerf*, 1998
(29, boulevard La Tour-Maubourg
75340 Paris Cedex 07)

ISBN 2-204-06075-5
ISSN 1264-0913

DANGER
LE PHOTOCOPILLAGE TUE LE LIVRE

Tous droits réservés. La loi du 11 mars 1957 interdit les copie
ou reproductions destinées à une utilisation collective. Tout
représentation ou reproduction intégrale ou partielle faite pa
quelque procédé que ce soit, sans le consentement de l'auteu
et de l'éditeur, est illicite et constitue une contrefaço
sanctionnée par les articles 425 et suivants du Code pénal.

Préface

Tandis qu'il termine sa licence de droit, Nicolas Buttet s'engage en politique : de 1984 à 1988, il est président des Jeunes démocrates chrétiens du Valais, en Suisse. De 1985 à 1989, il est député suppléant au grand conseil de ce canton. Au Conseil œcuménique des Églises, il prépare le rassemblement mondial sur la justice, la paix et la sauvegarde de la création, qui se tient à Séoul en 1990. Puis il travaille auprès du cardinal Etchegaray au conseil pontifical Justice et Paix. Inutile de lui demander d'évoquer longuement cette époque de sa vie. Elle ne compte plus guère aujourd'hui.

Célibataire consacré, Nicolas Buttet a tourné une page en choisissant de vivre, dès 1992, dans l'ermitage Notre-Dame du Scex, à Saint-Maurice-d'Agaune, haut lieu de la chrétienté en Suisse. C'est l'histoire de sa conversion qu'il a préféré évoquer : faire le choix de la pauvreté, évangéliser, prier, se nourrir de l'Eucharistie, ranimer la flamme des chrétiens tièdes, se convertir sans cesse et appeler à la conversion, dire l'importance de Marie dans sa vie comme « raccourci vers Dieu ». L'homme est attachant et les propos sont vigoureux, voire provocants. L'auteur montre combien être ermite est porteur de sens pour notre monde.

Bénédicte Freysselinard, spécialiste de Bernanos, a su mettre en valeur le message de cet homme de trente-sept ans, qui ne s'arrête pas en chemin puisqu'il vient de fonder la fraternité Eucharistein. Nicolas Buttet lance surtout un appel à l'amour : « Le feu a froid. À nous de le raviver ! »

Prendre sa vie en main, ne serait-ce pas, pour Nicolas Buttet, l'abandonner dans les mains de Dieu ? Certainement. En se référant à sainte Thérèse de Lisieux, Mère Teresa, Jean-Paul II, il l'affirme.

Voilà un livre « tout feu, tout flamme » !

BLANDINE DE DINECHIN.

1

Une vocation née d'une conversion

En montant les quatre cent quatre-vingt-deux marches qui conduisent à la chapelle Notre-Dame du Scex, je discutais avec quelques jeunes qui venaient en visite. Un jeune qui ne me connaissait pas intervint : « Un drôle d'ermite, ce bonhomme là-haut ! Je me demande bien ce qu'il peut faire et à quoi il peut ressembler. Et puis, il paraît même qu'il va parfois en voyage à Paris ou ailleurs ! Ce n'est pas un ermite, ça ! »

Il avait sans doute raison ! En vérité, je ne suis pas ermite au sens de « celui qui vit seul ». J'ai trop de visites pour parler de solitude extérieure. Et pourtant je vis une solitude profonde, libératrice, au milieu de toutes ces rencontres, à l'écart du monde et rejoint par lui. Ermite ou pas, peu importe : ce qui compte pour moi, c'est d'être avec Jésus, comme Il veut que je le sois. L'Évangile ne se laisse jamais enfermer dans des schémas. Une vocation, par définition, se compose toujours d'une part d'originalité parce que Dieu a assez d'imagination pour ne pas faire deux fois les mêmes choses. C'est profondément déconcertant vu de l'extérieur. Vu de l'intérieur aussi d'ailleurs !

Après un chemin long et tortueux – peut-il en être autrement lorsqu'il s'agit de vie et de foi ? –, le Seigneur m'a donné la force de faire le pas, de lui dire « oui ». Je lui ai alors signé un chèque en blanc, non sans Le mettre sérieusement en garde : « Fais ce que tu veux, Seigneur, mais parle haut et fort, car tu sais bien que je suis sourd et récalcitrant ! »

Si l'on m'avait dit, dans les travées du grand conseil valaisan [1] ou durant mon stage d'avocat et de notaire, que je serais

1. Parlement du Valais en Suisse.

un jour dans cet ermitage, j'aurais bien ri. Les voies du Seigneur ne sont décidément pas nos voies ! Et heureusement !

Pendant cinq ans, j'ai habité dans ce petit ermitage au-dessus de Saint-Maurice, dans le Valais. Une vie de solitude, cherchant à goûter ce cœur à cœur avec Dieu. Entre ces murs de pierre accrochés à la falaise, dont la construction remonte à 1628, c'est comme un coin du ciel que je découvre. Non que le monde et ses misères soient loin. Bien au contraire, les cris de souffrance résonnent ici peut-être plus encore qu'ailleurs, parce que le silence donne au moindre gémissement une amplitude particulière. Ce qui change, vu de l'ermitage, c'est la manière de regarder. La distance permet de développer un regard différent, un regard d'espérance sur ce qui paraît désespérant ou désespéré.

Au VIIe siècle vivait déjà, à côté de cette chapelle de Notre-Dame du Scex (« Scex » vient de *saxum*, le rocher), le premier ermite, saint Amé, dont le renom a transformé l'endroit en lieu de pèlerinage. Cet ermitage dépend de l'abbaye de Saint-Maurice-d'Agaune ; c'est le plus ancien monastère de l'Occident chrétien, qui n'a pas connu d'interruption, dédié à la louange de Dieu et à la mémoire du martyre de saint Maurice et de ses compagnons. Le fait que je me sois installé en ce lieu n'est pas dû au hasard. Le témoignage de ces soldats romains, décapités pour avoir refusé de massacrer des chrétiens à l'époque de la persécution de Dioclétien, au début du IVe siècle, ne reste pas sans influence sur ma prière et ma réflexion.

Ma vie d'ermite surprend un peu ici, en Suisse, où l'on a tendance à confondre le saint et l'honnête homme. Le bon catholique, c'est celui qui va à la messe de temps en temps, c'est tout. La Suisse est un pays de paradoxes ; elle réunit les taux les plus élevés du monde de richesse et de suicides. Saint-Exupéry écrivait dans *Citadelle* : « N'invente pas un pays où tout est parfait. Invente un pays où tout est fervent. » Comme cette phrase me paraît s'appliquer à la Suisse ! Mais pas seulement à elle. On veut des choses propres, en ordre, mais on meurt, on se suicide au milieu de tant de perfection.

Une étape d'un chemin.

C'est après différentes étapes que mon chemin a abouti ici. J'étais assurément attiré par Dieu. Comment du reste pourrait-on ne pas l'être, puisque notre cœur est fait pour Lui, et qu'Il « demeure sans repos tant qu'il ne repose pas en Lui », selon la belle expression de saint Augustin ? Baptisé, « catéchisé » comme on dit, j'ai toujours cru en l'existence de Dieu. Même lorsque j'étais loin de Lui par ma vie et ma pratique, je restais persuadé qu'Il existait. L'idée qu'il n'y ait pas de Dieu me paraissait, du point de vue de la raison, absurde.

Cependant, je suis aussi un converti : il y a eu « un avant et un après » dans ma vie, selon la très belle expression de Charles Péguy. Le tournant, ce fut une rencontre avec le Dieu vivant et présent. Au fond, c'était la découverte qui devait tirer des larmes au cher saint Jean et qui m'en a aussi fait verser quelques-unes : Dieu est Amour.

Auparavant, dans le christianisme, j'avais bien compris deux ou trois choses. J'étais notamment fasciné par la cohérence de l'Écriture sainte, la richesse et la constance du symbolisme de l'Alliance dans l'histoire du salut. Adolescent, j'allais régulièrement à la messe, sans toutefois prier le reste du temps. Tout ce bain religieux éveillait en moi des désirs. Mais j'en restais au stade intellectuel, en quelque sorte. Il me fallait faire encore un long voyage, le pèlerinage de la tête au cœur. La tête, comme le lieu des théories et des idées, mais aussi un Golgotha, le lieu où Dieu meurt, et le cœur comme un temple sacré où l'on rencontre le Dieu vivant, « plus intime à nous-mêmes que nous-mêmes ».

Conséquence logique de cet intellectualisme spirituel, j'étais très critique envers l'Église, envers le pape. En 1984, j'ai boycotté la visite de Jean-Paul II en Suisse, en me moquant de cette « papolâtrie » ! Ne vivant pas l'enseignement du Christ sur le mariage et la sexualité, je ne pouvais que critiquer le pape, qui me disait à haute voix ce que ma conscience me disait tout bas. Quatre ans plus tard, je participais, comme délégué du Vatican, au Conseil œcuménique des Églises à Genève, à la préparation du rassemblement mondial sur la justice, la paix et la sauvegarde de la création, à Séoul, puis au conseil pontifical Justice et Paix au Vatican. Le revirement était complet !

Il y avait comme un fossé entre ma tête et mon cœur, entre les exigences du Christ, telles que l'Église, son Corps, me les transmettait, et ma vie quotidienne. Qu'on me comprenne bien : il ne s'agit bien sûr pas d'opposer la tête et le cœur. Il faut cependant bien voir les dégâts que peut faire une religion enfermée dans des théories. Quel bouleversement intérieur lorsque j'ai découvert la présence d'un Dieu proche de moi, qui m'aime, qui m'appelle à le connaître et à l'aimer ! Un Dieu non seulement Créateur mais surtout Sauveur. Un Dieu vivant et qui donne la vie. Un Dieu aussi qui par la Vérité venait faire un peu le ménage dans ma vie et me rendre une liberté et un bonheur auparavant vendus pour un peu de plaisir. Car l'expérience de Dieu fut inséparable de l'expérience de ma misère, de ma pauvreté, de mon égoïsme, au fond de mon incapacité radicale à aimer en vérité, moi qui, pourtant, avais souvent dit : « je t'aime ».

Cette révolution intérieure, ce qu'on appelle « conversion », c'est la rencontre avec un Dieu-Amour. Je me souviens d'une personne d'une quarantaine d'années qui, en larmes, au terme d'une retraite, me disait : « J'étais catholique, pratiquant, non croyant ». Combien cela peut parfois être vrai, même pour des prêtres et des religieux ! Il est relativement facile de reconnaître intellectuellement l'existence d'un Dieu Créateur. Mais accepter un Dieu d'amour, ça dérange parce que c'est un appel direct à ordonner sa vie selon cet amour.

Contempler la croix.

L'amour vrai, l'amour qui se donne trouve tout son sens dans la croix. Je me souviens qu'au début de ma conversion, j'ai passé des heures et des heures, des mois durant, à regarder la croix. Plus exactement, à contempler le Christ en croix. Je me disais : « Mais l'amour, c'est ça ! »

Dans une rue de Paris, je rencontrai un jour un clochard. Après un moment de discussion, il me demande : « Tu crois en Dieu, toi ? – Oui, bien sûr, et toi ? – Ah non ! », me dit-il. Après un moment il me redit : « Dis donc, puisque tu es chrétien, dis-moi, c'est vrai l'histoire de Jésus ? » Et moi de lui expliquer simplement l'existence historique du Christ et l'adhésion de foi au mystère de Jésus. Il s'exclama : « Alors ça, c'est fort ! Alors ça, c'est fort ! » visiblement surpris et ébranlé. « Alors ça, c'est fort ! répétait-il. – Quoi donc ? lui demandai-je. – Tu te rends compte, me dit-il, ce type, on lui plante des clous dans les mains et les pieds et il dit : “Père, pardonne-leur, ils ne savent pas ce qu'ils font.” Alors ça, c'est fort ! » Après un moment, pensif, il me regarde de nouveau et me dit : « En tout cas, moi, ce n'est pas ce que j'aurais dit ! »

Cette expérience de l'amour crucifié et qui pardonne contient tout le mystère chrétien. Bien sûr, c'est choquant. Folie même. Surtout, c'est très dérangeant. Je savais, mais je m'approchais un peu à reculons, que cette expérience était incontournable. Finalement, ce fut le saut, le « oui », la capitulation. Je crois qu'il y a dans toute vie la nécessité d'une capitulation à nos raisons. Tous les événements de ma vie se sont éclairés à cette lumière-là : l'amour qui se donne jusqu'au bout, jusqu'au pardon. C'est bien difficile de décrire ce qui s'est passé avec des mots.

Je me souviens d'une scène amusante : un prêtre voyant un enfant qui suçait son pouce lui demande : « Est-ce que c'est bon ? » Et l'enfant, sortant son pouce de la bouche, le tend vers le prêtre en disant : « Tiens, goûte ! » Il faut goûter. C'est aussi ma réponse : « Goûtez et voyez comme est bon le Seigneur ». Oui, il faut goûter.

L'amour est exigeant.

J'ai découvert aussi que l'amour est exigeant. On associe souvent amour et liberté. C'est juste, mais c'est incomplet. Il faut ajouter la Vérité. Amour, liberté, vérité, c'est la trilogie qui balise le chemin du bonheur. Si le Christ est mort sur la croix, c'est par pur amour. En même temps, c'est librement qu'Il donne sa vie. Il la livre pour rendre témoignage à la Vérité. Mieux : Il est lui-même l'amour nommé Vérité. Sur la croix, je contemple l'Amour qui se livre librement, sans que personne ne prenne sa vie ; un amour qui donne tout gracieusement, sans rien retenir. Il se donne pour me délivrer. Il prend ma place.

C'est là, dans la mort et la résurrection du Christ, que nous est donnée la clé de notre propre liberté. Seul le Christ peut supprimer tous les esclavages sociaux et personnels liés au péché. Oui, la clé du bonheur, c'est cette liberté des enfants de Dieu qui nous est donnée lorsqu'on vit par le Christ et dans le Christ. C'est lui l'homme des Béatitudes. La vocation du Christ, qui se présente lui-même comme le Chemin, la Vérité et la Vie, c'est de nous délivrer de l'esclavage de la mort et du péché afin de nous donner cette liberté pour notre bonheur. Cette soif de bonheur qui remplit le cœur se trouve apaisée dans cette alliance entre l'amour et la Vérité pour la liberté.

Je vivais une véritable révolution intérieure et « culturelle ». J'avais associé amour et plaisir, liberté et licence, vérité et sincérité. Devant la croix, ces mots retrouvaient leur vrai sens. La croix comme signe de liberté, quel paradoxe ! Sur certaines montagnes suisses, il y a une croix. Je me rappelle l'arrivée au sommet d'un « 4 000 » après de longues heures d'effort et de danger, et l'émotion avec laquelle j'avais embrassé la croix qui coiffe la pointe de la montagne. Cette croix nous enseigne que le plus haut sommet, c'est celui de l'amour. Et c'est le Christ qui nous y porte.

Conversion du cœur et de l'intelligence.

Cette expérience du cœur s'est accompagnée d'une conversion de l'intelligence. Cela m'a permis d'analyser différemment les problèmes auxquels j'étais confronté ; questions politiques, économiques, juridiques, conflits divers pendant mon stage d'avocat et de notaire ou dans le cadre de mes activités politiques. Le divorce de

M. et Mme X n'était plus « un cas » ou « un dossier » ; je voyais les souffrances humaines, les manques d'amour à l'origine et à la fin. Les discussions parlementaires sur le budget de l'État ne se limitaient plus à l'alignement de chiffres et à la répartition d'un gâteau. Il y avait des priorités qui éclairaient mes décisions. Finalement, je me suis rendu compte qu'au-delà des cas concrets à traiter et à résoudre, nous vivions une crise spirituelle. J'ai compris tout à coup que, s'il y avait une réponse à apporter au monde d'aujourd'hui, c'était bien d'aimer et de faire aimer l'amour. Et l'amour a un visage : celui de Jésus.

Mes engagements politiques de secrétaire du parti démocrate-chrétien de la Suisse romande et de député suppléant découlaient à la fois d'une générosité, mais aussi d'une certaine ambition. Il me manquait une clé pour donner une autre dimension à ces démarches. Les idéologies, les intérêts en présence, les groupes de pression, l'égoïsme l'emportaient sur une juste prise en compte du bien commun. Quand je prenais des décisions, c'était au fond sans grande liberté : sans une échelle de valeurs claire et précise, on est incapable de discerner le bien du mal dans le domaine politique et de travailler au bien commun. Seule la grâce permet ensuite de prendre avec courage les décisions qui s'imposent. L'attitude du roi Baudoin en Belgique à propos de la loi sur l'avortement est frappante : il a refusé de signer une loi contraire à sa conscience.

À mon niveau de responsabilités, je faisais beaucoup de discours. J'ai donc été amené à changer le contenu de mes propos, grâce notamment à l'éclairage de la doctrine sociale de l'Église sur les réalités du monde. Libéral au départ, je me suis mis à équilibrer cette exigence de liberté, y compris dans l'économie, par un contrepoids social.

Aujourd'hui, ce qui me paraît dangereux, c'est que la politique subit un chantage de la part de l'économie. La culture disparaît à cause de cette primauté de l'économie ; elle est réduite à un phénomène *kitsch*, épidermique, qui ne permet pas à l'homme de se construire et de s'accomplir. On nous fait croire que la crise économique est insoluble sans la bonne volonté des salariés. Au cœur de l'économie, on assiste aussi de plus en plus à la dictature du monétaire et du financier sur la production et la transformation de biens et de services. Pour moi, la seule façon de sortir de cette impasse, c'est de prendre conscience que, à l'arrière-plan de l'économie et de la politique, il s'agit de tout l'homme et de tous les hommes. Dans cette prise de conscience, le regard du chrétien est indispensable.

Combat spirituel.

Cette complicité qui est née entre le Christ et moi, bien sûr, change tout. Regard neuf, cœur neuf. Non pas que tout soit parfait. Je fais chaque jour l'expérience de ma misère, de ma pauvreté et de mon incapacité d'aimer comme Dieu me le demande. Mais il y a cette découverte bouleversante de la grâce. Du Christ qui vient faire l'impossible dans ma vie. Cet impossible, c'est de me convertir chaque jour. Et c'est Jésus qui fait cela.

Ce que l'on découvre aussi, c'est qu'au-delà de la réalité matérielle, des événements de la vie, il y a une réalité spirituelle qui se cache. Ou plutôt qui se dévoile. Cette réalité spirituelle se révèle en fin de compte plus déterminante encore que la réalité visible. C'est ce que j'appellerais l'hyperréalisme chrétien. Aujourd'hui, lorsqu'on parle de réalisme, on entend par là le pragmatisme, l'approche purement matérialiste des problèmes. Or cette approche occulte complètement la réalité spirituelle, invisible, impalpable, mais combien réelle. Il y a tout un monde, celui de Dieu, celui de l'Esprit, qui n'est pas accessible à nos sens et qui pourtant influe sur eux et ordonne le visible.

Saint Paul écrit aux Éphésiens : « Ce

n'est pas contre des adversaires de chair et de sang que nous avons à lutter mais contre les Principautés, contre les Puissances » (Ep 6, 12). Au-delà des apparences visibles, un combat spirituel, au centre de notre vie, se joue, dont l'enjeu sera toujours le cœur de l'homme. L'ignorer équivaut à recevoir des coups sans en connaître la provenance ; à subir des événements sans pouvoir en saisir l'enjeu. C'est frappant de voir à quel point les êtres se sentent libérés lorsqu'on leur parle de ce combat spirituel ; ils saisissent en un éclair ce qui était obscur, incompréhensible et donc profondément troublant dans leur existence. Cette découverte éclaire différemment les conflits et les difficultés de la vie.

Vivre de l'Évangile.

Connaître l'existence de ce combat est une chose ; le mener avec les bonnes armes en est une autre. Saint Paul nous décrit ainsi la panoplie du parfait petit combattant spirituel : la Vérité pour ceinture, la justice pour cuirasse, le bouclier de la foi, le casque du salut, le glaive de l'Esprit, c'est-à-dire la Parole de Dieu, et aux pieds le zèle à propager la Bonne Nouvelle de la paix. Ce sera alors le triomphe de l'amour sur toutes les forces de mort et de destruction.

Dans cet esprit, deux phrases de l'Évangile selon saint Jean m'ont beaucoup frappé. Depuis, elles ne me quittent jamais, ni l'une ni l'autre. La première est la suivante : « Hors de moi vous ne pouvez rien faire » (Jn 15, 5). Je me la dis et redis à longueur de journée. Ce verset nourrit mon travail, mon apostolat, ma prière surtout. La seconde ne cesse de me remuer : « Jésus ayant aimé les siens qui étaient dans le monde, il les aima jusqu'au bout » (Jn 13, 1). « Jusqu'au bout » : jusqu'à la fin. C'était aussi incontournable. Jusqu'où aller avec Dieu, avec l'amour ? La réponse est claire : « jusqu'au bout. » Il faut se donner tout entier, car tout ce que l'on garde pour soi est perdu pour l'éternité.

Le christianisme s'est répandu sur toute la terre au départ parce que les chrétiens ont pris l'Évangile à la lettre et qu'ils l'ont vécu. Si François d'Assise a réussi à bouleverser le Moyen Âge, c'est parce que sa conduite, scandaleuse pour certains – et pourtant si conforme à l'Évangile –, a bousculé très fortement l'*establishment* chrétien, ecclésiastique et laïque. Saint François a su redonner la fraîcheur de l'Évangile dans un monde endormi, malade de l'argent et du pouvoir. Et si, aujourd'hui, nous voulons que l'Évangile soit connu et accueilli, il n'y aura pas d'autre chemin que cette radicalité. Tout le reste est littérature, illusion et surtout désillusion. Si Jésus est vivant, si ce qu'Il nous dit est vrai, si la vie éternelle est vraiment l'horizon de notre vie, ce que je crois, il faut vivre l'Évangile. C'est la seule vérité qui peut vraiment bouleverser le monde.

Pour cela, nous avons besoin d'entendre le cri des pauvres. Ils sont nos éducateurs dans la détresse. Je dresse toujours l'oreille lorsqu'un pauvre s'exprime. Je me demande souvent si les discours de beaucoup de chrétiens – prêtres, religieux ou laïcs – sur l'amour préférentiel pour les pauvres ne sont pas un gargarisme verbal. Dans la communauté où je vis aujourd'hui, nous avons la grande joie d'accueillir des « blessés de la vie », des personnes laissées sur le quai, au départ du train qu'on appelle « progrès » et « rentabilité ». Combien de fois ai-je entendu des réflexions de chrétiens du type : « Vous avez vu le genre de ces jeunes, la coupe qu'ils ont ? Quels gens bizarres ! » Quelle incohérence, quel scandale ! Comme s'il y avait un religieusement correct comme il y a un politiquement correct ! On a envie de crier parfois... En effet, que d'enseignements et de leçons ne recevons-nous pas grâce à eux !...

Je pense aussi aux humbles de cœur qui assument parfois de hautes responsabilités dans la société et dans l'économie. C'est édifiant de les voir à genoux, implorant Dieu de les aider et lui rendant grâce de sa présence ! Je prie intérieurement pour que le Seigneur fasse la lumière dans tous les cœurs.

Des rencontres déterminantes.

Plusieurs rencontres ont été déterminantes dans ma vie. Tant de personnes, connues ou inconnues, ont été placées sur ma route comme un signe de la Providence et m'ont aidé à grandir... Il n'y a pas une seule rencontre qui ne m'ait marqué d'une manière ou d'une autre, pas une personne qui ne m'ait apporté quelque chose et révélé un peu plus le mystère du cœur de l'homme et du cœur de Dieu. Des amis proches, aussi humbles que cultivés, amoureux de Dieu ont su me transmettre le sens du mystère et me donner envie de connaître le bonheur qui découlait de leur intimité avec Dieu. Ils m'ont fait découvrir les saints et les mystiques.

Parmi les rencontres les plus bouleversantes pour ma foi, je me rappelle avec émotion ces anciens détenus des goulags et ces prisonniers sortis des camps de travaux forcés du Viêt-Nam. Ils évoquaient leur vie intérieure, leur cœur à cœur avec Dieu, même au milieu d'atrocités, d'immenses souffrances, de tortures horribles. Au cœur de l'intolérable, ils rayonnaient de joie. Je savais alors, avec certitude, que la foi qui les tenait debout, lorsqu'on voulait les mettre à terre, était vraie ; la promesse du Christ d'être avec nous jusqu'à la fin du monde et de nous donner sa force à chaque instant était vraiment réalisée.

J'avais sous mes yeux, dans leur visage lumineux, le témoignage vivant de la victoire du Christ sur le péché et la mort. Cette vie intérieure d'intimité avec Dieu, cette puissance de la prière m'ont convaincu petit à petit que le martyre des goulags, et d'ailleurs, avait ébranlé de manière décisive le mur du communisme. Leur prière d'amour et d'offrande, le don de leur vie avaient tout bouleversé. C'étaient eux, les vrais révolutionnaires.

La vérité du christianisme prenait un visage par ceux de tous ces amis fidèles au Christ. Quand je voyais des amis polonais brillants intellectuellement qui refusaient des postes importants simplement parce qu'ils voulaient rester fidèles à Jésus-Christ ; d'autres qui vivotaient dans de petits appartements et préféraient ces situations précaires à des compromis ; des savants qui sortaient de huit à dix années de camp, en Lituanie, éclatants de joie ; quand j'entendais ce prêtre au Viêt-Nam, tellement torturé qu'il était sur une chaise roulante, déclarer : « Je suis heureux, je suis resté fidèle », la foi devenait une évidence joyeuse pour moi.

Je constatais cette cohérence entre l'Évangile que je lisais sans vraiment le vivre et la manière dont ils avaient choisi de témoigner de leur fidélité. J'ai vraiment alors ressenti le besoin de ne plus transiger avec les exigences de l'Évangile. Elles avaient un visage, le goût du sang versé par mes frères et sœurs. Je ressentis le désir d'aller plus loin à la suite du Christ. Leur vie me paraissait être une retentissante gifle, salutaire, donnée à nos communautés chrétiennes occidentales bien organisées, parfois pieuses mais souvent trop installées, frileuses, tièdes, et ronronnantes. Je fais partie moi-même de ces communautés et je me mets donc dans le même sac !

Mère Teresa.

L'expérience de l'Inde et la rencontre de Mère Teresa à Calcutta ont elles aussi été déterminantes pour moi. J'évoquerai deux souvenirs de mes contacts avec elle. Un matin, je suis remonté dans la chapelle des sœurs, croyant avoir oublié mon sac. En franchissant la porte, je suis resté figé. Mère Teresa était là, prostrée devant le Saint-Sacrement. L'intimité qu'elle avait avec Jésus-Eucharistie m'a fait en quelque sorte toucher le ciel. J'ai alors compris le secret de son œuvre, la source de son rayonnement : l'Eucharistie. La deuxième expérience, ce fut l'accompagnement d'un mourant avec elle. Je me souviens de notre prière commune, mais surtout du moment où, lâchant la main du mourant et la mienne, elle s'est redressée d'un bond, s'est recueillie quelques minutes, puis m'a regardé avec un grand sourire en me disant : *« He's got his ticket to heaven »*, c'est-à-dire : Il a gagné son billet pour le ciel. Là encore, la vie éternelle éclatait comme une réalité. Elle habitait son cœur, et je vis Mère Teresa comme une femme de passage, en route vers le ciel, sa vraie patrie.

Quelle chance pour mon pays d'avoir deux communautés de Missionnaires de la charité, à Zurich et à Lausanne ! Quel paradoxe qu'elles habitent la riche Suisse alors qu'on sait qu'elles ne vont que vers les plus pauvres ! J'ai eu la grâce de me rendre six fois chez les Missionnaires de la charité, seul ou avec des groupes de jeunes. Chaque fois, il s'agit d'un choc décisif et salutaire. Quelle grâce de pouvoir remettre en question notre esprit suisse bien propret, et de considérer nos besoins les plus indispensables, y compris dans l'Église, à la lumière de la pauvreté – subie – de Calcutta et du vœu de pauvreté – choisi et même épousé – des Missionnaires de la charité ! Quelle leçon l'Esprit-Saint ne nous donne-t-il pas, par l'exemple de ces religieuses !

2

La vie d'ermite

Pendant deux ans et demi, j'ai fait partie d'un comité de préparation d'une conférence mondiale œcuménique organisée autour du thème « Justice, paix et sauvegarde de la création ». Cette conférence s'est tenue à Séoul en 1990. Dans le cadre de cette préparation, j'ai eu l'occasion de vivre des événements très beaux et d'autres bien douloureux. J'étais heureux de sentir le désir des chrétiens d'apporter un témoignage commun, dans un monde déboussolé à la recherche d'un cap. Simultanément, une certaine incohérence entre les discours que nous tenions sur la justice et la paix et ce que nous vivions me frappait. Telle rencontre avait lieu dans un hôtel « quatre étoiles »... pour parler de la pauvreté dans le monde !

Cette incohérence fut un véritable aiguillon pour moi. Bien sûr, je me disais qu'il fallait évoluer sur de nombreux points. Mais surtout, je me suis rappelé la réponse de Mère Teresa à un journaliste qui lui demandait un jour : « Quand vous voyez tout ce qui se passe dans l'Église et dans le monde, tous ces contre-témoignages, que faudrait-il changer pour que ça aille mieux ? » Le regardant dans les yeux, avec ce regard à la fois malicieux et plein d'amour qui pouvait être le sien, elle lui répondit : « Mais vous et moi, cher monsieur ! Ce qu'il faut changer, c'est vous et moi ! »

Le contre-témoignage d'autrui me ramène au mien et aiguise en moi le désir de la radicalité évangélique. Les clochards de Rome et d'ailleurs m'ont beaucoup appris sur la pauvreté et la joie évangélique. Je me souviens de Yassim, un chrétien originaire du village de Jean le Baptiste, Aïn Karem. Il vivait sur un bout de trottoir à Rome, devant une église. Un jour qu'il faisait très froid, je lui ai demandé s'il n'avait pas trouvé un lieu pour loger. Il me répondit qu'on ne l'acceptait pas dans les hospices car il était trop jeune. Je lui ai alors laissé une somme d'argent pour qu'il puisse se rendre quelques jours à l'hôtel. Le soir, repassant dans la rue, je le vois se préparer à passer une nouvelle nuit dehors, dans le froid. Surpris, je lui demande s'il a été refusé à l'hôtel. « Non, me dit-il, mais tu vois, ce matin, il y avait la quête pour le séminaire de Rome à la messe. On a besoin de bons prêtres. Alors, j'ai mis tout l'argent à la quête. Moi, je peux encore supporter quelques nuits dehors ! »

Je suis persuadé que la véritable réforme de l'Église, ce sont les saints qui la font. L'œuvre de François d'Assise est révolutionnaire, et a davantage contribué à la réforme de l'Église que celle des commissions de réforme pastorale ou celle de ceux qui portent le titre de « réformateurs ». Nous avons aussi besoin d'une pauvreté visible. Avant tout, la pauvreté matérielle permet de créer un vide pour mieux se laisser remplir de la présence de Dieu, pour se tourner davantage vers Lui. C'est le signe prophétique qui manifeste la présence du Royaume. La présence d'un monde qui ne passe pas, au milieu d'un monde qui passe. Ce signe prophétique doit éclater à travers un choix de vie austère, mais combien riche...

Une personne rencontrée un jour dans un train m'interrogea sur ma vie. Pour aller à l'essentiel, j'évoquai les vœux religieux de chasteté, d'obéissance et de pauvreté, ajoutant que je m'efforçais de les vivre. Mon interlocuteur intervint : « Vœu de pauvreté ? Vous voulez dire vœu de richesse ! » Surpris de la remarque, je relativisai alors un peu la pauvreté. Il me reprit : « Ce n'est pas ce que j'ai voulu dire. Je parlais du vœu de richesse car, qui a Dieu a tout ! »

Au synode des évêques sur la vie consacrée, le cardinal Etchegaray, avec qui j'ai eu la joie de travailler à Rome, a fait une intervention remarquée sur l'urgente nécessité de retrouver une pauvreté effective et radicale dans la vie consacrée : « Aujourd'hui plus que jamais, la vie religieuse doit donner le témoignage de la pauvreté évangélique. C'est là sans doute le plus grand défi pour l'Église et le plus pressant besoin pour le monde. [...] La pauvreté évangélique est le test le plus dur mais le plus sûr de l'authenticité de l'évangélisation. »

Pauvreté, liberté et solidarité.

Avant d'arriver à l'ermitage, j'avais senti l'appel à dépendre uniquement de la Providence, une providence qui passe aussi par la générosité des gens. J'ai un ami qui assumait les frais de ma caisse-maladie. D'autres me donnaient une partie du bois de chauffage pour l'hiver, le reste je le coupais moi-même. En cinq ans de vie dans cet ermitage, je n'ai jamais rien acheté à manger. Je mangeais ce qu'on m'apportait. C'est vrai que les repas n'étaient pas toujours très variés. Mais quelle liberté de pouvoir se contenter et se réjouir de ce qu'il y a ou de ce qu'il n'y a pas ! Parfois je recevais plus, d'autres fois moins. Une fois, pendant dix jours, je n'ai rien eu à manger que quelques poires. Une autre fois, ce fut une semaine avec un pot de miel – du très bon miel, d'ailleurs ! Beaucoup d'autres fois, l'abondance était telle que je devais redonner.

Je me souviens d'une petite anecdote. Pendant plusieurs semaines, je n'avais plus reçu de pain et, dans ma prière, je rappelais ce fait au Seigneur. Un samedi, une dame frappa à ma porte et me dit en s'excusant : « Je ne sais pas si j'ose. Enfin avec vous, j'ose quand même. J'étais en train de prier dans l'église en bas, dans la plaine. J'ai eu, à un moment donné, le sentiment que Dieu me demandait de vous apporter du pain. Alors voilà, je vous ai pris un morceau de pain. » Je ne peux pas dire ce qu'a été ce morceau de pain pour moi...

C'est une surprise toujours bouleversante que cette délicatesse de Dieu jusque dans les moindres détails de la vie quotidienne. Je suis de plus en plus émerveillé de découvrir combien Dieu agit, comme Il prend soin de ses enfants et s'intéresse à de tout petits détails. En retour, cela permet une grande confiance et un cœur d'action de grâces. C'est tout le message de sainte Thérèse de Lisieux, qui, docteur de l'Église, nous enseigne la voie de l'abandon confiant entre les mains du Père.

La pauvreté n'est pas une fin en soi. Elle facilite le rapport à Dieu dans la mesure où elle détache d'une quantité de biens matériels inutiles. Il est bien difficile de ne pas s'attacher aux choses matérielles. Mais on peut s'attacher aussi bien à une grosse fortune qu'à une petite cabane comme celle que j'habitais ! Ou même à un beau chapelet !

Mais la pauvreté toute relative que j'essayais de vivre m'apparut tout de suite comme une solidarité avec tous les pauvres que j'avais rencontrés à travers le monde. Bien sûr, je suis mieux loti que des millions de mes frères et sœurs : j'ai un toit, du bois et un poêle pour me chauffer en hiver, de la nourriture sans souci. Mais tout de même, mon choix de vie me permet de me sentir un peu plus proche d'eux et de prier pour eux. Je suis ainsi introduit dans une solidarité de cœur et d'acte avec ceux qui manquent de biens matériels.

Une solitude habitée.

J'ai redécouvert les saisons en arrivant dans l'ermitage, parce que c'était l'hiver et que j'avais presque oublié qu'il faisait froid en hiver ! En voyageant beaucoup dans le monde, en passant d'un continent à l'autre, en vivant dans un confort moderne, on ne se rend plus compte des saisons. J'ai aussi découvert la joie du printemps comme la figure de la Résurrection. Quelle merveille que cette force de vie qui monte, puissante et douce à la fois, belle et fragile, forte et pleine d'espérance ! Ce rapprochement avec la nature a été très important, à la fois école de réalisme et source d'émerveillement. J'ai passé de longs moments à contempler les chefs-d'œuvre de Dieu dans la création, à Le remercier, Lui qui est l'auteur de tout cela. L'univers, la création tout entière sont destinés à être parabole visible du Dieu invisible.

Tout me parlait de Dieu. Et d'un Dieu d'amour. Ma solitude était donc profondément habitée, saisie par la présence de Dieu. Le plus important pour moi, c'était donc ce cœur à cœur avec Dieu. Plus mon intimité avec Dieu est grande, plus ma vocation s'en trouve justifiée et le monde, inondé de ses grâces. Avant de m'installer ici, je voyais l'ermitage de Notre-Dame du Scex comme l'endroit rêvé où accomplir ce que Jésus me dirait. Le « faites tout ce qu'il vous dira » de Marie m'apparaissait toujours davantage comme une évidence, dérangeante et incontournable.

Peu à peu une conviction profonde m'habitait : seule la conversion personnelle peut être source du bouleversement du monde. Sainte Thérèse d'Ávila racontait souvent l'histoire suivante : « Un savant a dit : "Donnez-moi un levier, un point d'appui et je soulèverai le monde." Ce qu'Archimède n'a pu obtenir, parce que sa demande était purement matérielle, les saints l'ont obtenu en plénitude. Ils ont le Tout-Puissant comme point d'appui ; pour levier, l'oraison ; c'est ainsi que les saints encore militants soulèvent le monde et que, jusqu'à la fin du monde, les saints à venir le soulèveront. » Si j'ai vécu cette vie d'ermite et brûle du désir de la poursuivre, c'est pour Dieu et pour le monde et non pour moi. Je ne suis pas là pour faire du *cocooning* de mon *ego*, même si cette attitude demeure une tentation sournoise.

Une vie centrée sur la prière.

Comment décrire ma vie aujourd'hui ? C'est bien difficile. J'essaie de recentrer mon existence autour de la prière. Ce qui structure vraiment ma journée, ce sont les temps de prière. Chaque jour j'ai la joie de pouvoir consacrer trois heures à l'adoration eucharistique. À côté de ce temps béni, je participe quotidiennement à la messe. L'humble prière du chapelet est aussi très importante. Je prends du temps dans la matinée pour lire la Parole de Dieu.

Ces moments me permettent de me recentrer sur le Christ, de revenir régulièrement à Lui de tout mon cœur. Lui pourtant ne me quitte pas une seule seconde. Mais je suis si rapidement à mille lieues de lui... Le but de ces temps de prière, c'est de trouver Dieu en toute chose, comme disait saint Ignace de Loyola. C'est ce qui faisait dire aussi à sainte Thérèse de l'Enfant-Jésus qu'on peut trouver aussi sûrement Dieu au milieu des casseroles que dans la chapelle.

Et c'est cette présence de Dieu qui rend extraordinaires les choses ordinaires. Cette intimité avec Dieu, une intimité issue de la prière, devient transfigurante. On disait de saint François d'Assise qu'il ne priait pas, mais qu'il était prière.

Redécouvrir l'Eucharistie.

La présence réelle du Christ dans le sacrement de l'Eucharistie est une des expériences qui m'a bouleversé. Dès lors, il n'est pas étonnant que ma vie soit centrée sur l'Eucharistie. Dès le troisième jour de mon arrivée à l'ermitage, des gens sont venus frapper à ma porte. Plus les gens venaient, plus ce besoin d'adoration de l'Eucharistie grandissait en moi. L'Eucharistie, c'est Jésus. Et Jésus c'est Dieu. C'est mon Tout. Comment le dire plus simplement ?

Les sages et les savants ont souvent de la peine à comprendre ma vie eucharistique qui pourtant s'inscrit dans la longue tradition de l'Église, une tradition enrichie par l'Esprit-Saint au cours des siècles. Les petits et les simples comprennent tout de suite. Je pense à ces temps d'adoration avec des enfants. À ces nuits passées devant le Saint-Sacrement exposé dans la chapelle, souvent dans le froid transperçant de l'hiver. Des jeunes, certains parfois très éloignés du Christ, venaient se joindre à cette prière silencieuse. Que de merveilles opérées dans les cœurs, au secret de cette chapelle ! Que de guérisons, de conversions devant le Saint-Sacrement exposé !

Être prêtre un jour ? Pourquoi pas. Ce serait même un désir secret de mon cœur. Mais je sais bien que ce n'est pas ce que Dieu veut pour moi aujourd'hui. Être prêtre, pour être l'homme de l'Eucharistie et du pardon. Rien d'autre. Un peu à la manière de Charles de Foucauld dans le désert, qui disait : « Je veux être prêtre pour rayonner le mystère eucharistique. » Simplement pour cela. Tendre l'hostie consacrée à bout de bras afin de laisser la lumière du Christ rayonner sur le monde entier... ça oui ! Il faut le répéter : le prêtre doit être l'homme de l'Eucharistie. Tout le reste, c'est du surcroît.

La crise actuelle des vocations dans l'Église catholique me paraît liée à une perte du sens de l'Eucharistie. Quelle souffrance pour moi quand je vois comment on traite parfois le Saint-Sacrement ! Ce manque de délicatesse, d'attention, de respect au Christ présent... Toutes les théories ne vaudront jamais un geste d'adoration ou d'amour.

Dans l'Eucharistie, je sens qu'il y a vraiment un signe des temps que Dieu nous demande de comprendre. Ce signe, c'est que nous sommes devenus trop compliqués et que Dieu veut nous simplifier. Qu'y a-t-il de plus simple qu'une petite hostie ? Mais qu'y a-t-il de plus grand en même temps ? Quel mystère ! Dieu lui-même, réellement présent, là. Totalement présent ; ça donne le vertige. Les savants discutent. Les pauvres adorent. Dans l'Eucharistie, tout est simple, sobre, dépouillé, nu. Dieu veut nous simplifier dans l'adoration eucharistique. L'appel à l'adoration eucharistique que l'on voit naître dans toutes les communautés nouvelles, des Missionnaires de la charité aux Béatitudes, des Frères de Saint-Jean à l'Emmanuel n'est pas dû au hasard. Comprenne qui pourra !

Cela me fait penser à Marie, quinze ans, dans son petit village du Liban. Ce village est attaqué ; sa famille est tuée, et elle, chassée. Mais elle se souviendra que les soldats ont l'habitude de profaner le Saint-Sacrement lorsqu'ils attaquent un village chrétien. Marie se précipite à l'église, ouvre le tabernacle et communie. Les soldats la trouvent là, au pied du tabernacle, protégeant de son corps le Corps de son Sauveur. Ils la frappent, la laissent pour morte au pied de l'autel. Marie se réveillera quelques jours plus tard à l'hôpital. Elle est aujourd'hui paraplégique. Ses premières paroles furent : « Ah ! si vous saviez combien je suis heureuse d'avoir pu montrer un peu à Jésus combien je l'aimais ! » Toutes les théories volent en éclats devant ce témoignage d'amour du Christ dans l'Eucharistie.

L'Eucharistie est aussi pour moi ma véritable patrie. Dans un petit village du Viêt-Nam, un bidonville du Venezuela ou une chambre d'hôtel, je me sentais chez moi, au moment de la messe, parce que je me retrouvais dans la maison de Dieu. Dieu avait fait sa demeure sur l'autel, caché et en même temps révélé par la petite hostie.

À nos yeux de chair, la présence de Dieu dans l'hostie semble banale. À nos yeux de foi, c'est bouleversant. Pensons à André Frossard, athée, qui entre dans une église, s'avance au centre du transept, voit tout un ensemble de fleurs et de cierges, et tout à coup, posant son regard sur ce petit cercle blanc au milieu des dorures et des lumières, tombe à genoux. Il dira de cette expérience : « J'ai rencontré Dieu, et je suis ressorti de l'église catholique romain. »

Il s'agit d'un miracle. Mais le chrétien devrait vivre cet amour quotidien du Christ dans l'Eucharistie, faire grandir en lui le désir d'aller à la messe pour Le recevoir et Le rencontrer, Lui son Amour. Pour comprendre l'importance de cette nourriture spirituelle, il faut passer des heures, je crois, à adorer le Saint-Sacrement.

Au demeurant, des gens passent des heures à se faire bronzer recto verso, pile et face sur les plages l'été. Pourquoi ne nous laisserions-nous pas bronzer le cœur au soleil de l'amour de Dieu ? Je suis aujourd'hui de plus en plus convaincu qu'il n'y a pas de vie spirituelle authentique sans de longues heures d'oraison silencieuse et d'adoration. Sans oraison, nous restons en surface, dans une certaine grossièreté spirituelle, comme on dit qu'une pierre est grossière, non polie, non travaillée. Dans l'Eucharistie, je vois le Soleil de justice qui porte dans ses rayons notre guérison, comme l'annonce le prophète Malachie (Ml 3, 20). Ce soleil nous guérit de l'aveuglement.

Pour moi, l'adoration eucharistique est la réalisation de deux paroles de l'Écriture. La première, c'est : « Ils lèveront les yeux vers celui qu'ils ont transpercé » (Jn 19, 37). Notre péché tue le Christ. Je lève les yeux vers Celui que j'ai transpercé par mon péché en contemplant l'Eucharistie, puisque l'Eucharistie est le fruit de la Passion du Christ et que la messe n'est rien d'autre que le sacrifice du Christ rendu présent sous nos yeux. Chaque autel est en quelque sorte le Golgotha. Et nous levons les yeux vers le Seigneur du monde, immolé comme un agneau sur le gibet de la croix. Et puis, dans un psaume, il est dit : « Celui qui regarde vers lui resplendira, sans ombre ni trouble du visage » (Ps 34, 6). Le pécheur qui se tourne vers son Sauveur, reçoit en retour la paix et voit disparaître tout trouble en lui. Notre regard, quand nous le tournons vers le Christ, est purifié.

Lorsque je vois, dans tant de villes et villages de Suisse, la procession solennelle du Saint-Sacrement à l'occasion de la Fête-Dieu, qui a lieu le jeudi, jour férié, je me surprends à rêver. Le Christ-Eucharistie est promené dans les rues de la ville, suivi des autorités militaires, civiles et religieuses et de la foule. Ceux qui aux yeux du monde exercent des responsabilités se prosternent devant un Dieu qui se présente à nous sous la forme d'une hostie. Cela force à l'humilité et permet tous les espoirs ! Encore faut-il que ce ne soit pas qu'une tradition maintenue par la force de l'habitude et non plus vivifiée par le souffle de l'Esprit.

La liberté de témoigner.

Au début, je voulais rester fidèlement dans mon ermitage. Et puis, très vite, des gens sont montés pour se confier. J'étais venu discrètement, avec le désir de prier dans la solitude. Mais la petite lumière, la nuit, dans les rochers, a très vite été repérée. Il faut dire aussi que le sanctuaire de Notre-Dame du Scex est un lieu de pèlerinage très ancien. Des gens y viennent à longueur de journée pour y prier. Quelques pèlerins m'ont donc confié des intentions de prière.

Ces rencontres ont fini par me prendre tellement de temps que j'ai crié au Seigneur : « Mon programme d'adoration et de prière est complètement compromis !

Aide-moi ! » J'ai dû apprendre à m'enfermer dans le petit cloître qui entoure l'ermitage pour préserver l'essentiel : le cœur à cœur avec la Source. Pas facile de trouver un rythme entre la prière, la solitude, l'accueil et les déplacements, puisque les demandes venaient aussi de l'extérieur. Petit à petit, il a fallu adopter un équilibre et j'ai choisi de passer environ deux tiers du temps à l'ermitage pour un tiers à l'extérieur.

Cet accueil n'était pas du tout prévu au départ. J'ai découvert un tel besoin d'être écouté... Viennent des gens connus, d'autres totalement inconnus. Il me suffit de savoir que Dieu les connaît et les aime. Certains se sont éloignés de la foi. Des musulmans aussi sont montés, demandant de prier avec eux pour leur enfant malade. Un ancien terroriste a dormi quelques nuits ici, après dix ans de prison. J'accueille simplement, j'écoute et nous prions. Si l'on savait tout le travail d'accueil, d'écoute, de présence qui nous est demandé aujourd'hui, aux chrétiens en particulier, on passerait peut-être moins de temps en séances et comités inutiles, moins de temps devant la télévision. Tant de cris lancés qui ne trouvent pas de réponse, faute d'écoute ! Il y a des difficultés, des échecs, des combats bien sûr. Comment pourrait-il en être autrement ? Mais l'espérance est victorieuse de toutes les adversités. L'espérance fondée sur la certitude que Dieu est présent.

Cette vie d'accueil m'a révélé ma pauvreté. Pauvre, vraiment pauvre, devant tant d'appels. Dieu seul peut agir. Dieu seul peut parler au cœur. Dieu seul s'offre gratuitement à la liberté. On ressent alors un besoin de prier. De prier le jour, la nuit, dans une intercession perpétuelle pour que le règne de Dieu advienne dans les cœurs et dans le monde.

Un cri silencieux.

Ainsi, toutes les rencontres que je fais nourrissent ma prière. Elles me poussent à crier vers Dieu, à intercéder et à mendier sa grâce. Des drogués, des prostituées, des personnes en dépression viennent se confier ou simplement déposer leur fardeau bien trop lourd. Certains assument des responsabilités dans la vie économique, politique ou sociale et viennent partager leurs soucis. Des gens ont la foi et veulent avancer, prier ensemble. Quelle richesse chez chacun ! Il faudrait savoir s'émerveiller de l'œuvre de Dieu dans les cœurs ! Ces visites, à toute heure du jour et de la nuit, sont très décapantes.

J'aime aussi beaucoup les enfants. Si l'on ne devient pas comme eux, on n'entre pas dans le Royaume des Cieux. Et comme j'ai envie d'y entrer, j'imite les enfants. Ils arrivent parfois avec un dessin que j'accroche sur les murs de l'ermitage. Je pense à ces cinq jeunes musulmans âgés de huit à treize ans qui sont arrivés un jour en me disant : « S'il te plaît, tu nous racontes des histoires de Jésus ? » Ils sont restés près de deux heures à écouter, parler, interroger.

Confronté à tant de souffrance, le Seigneur m'a appelé à vivre dans cet ermitage comme un cri silencieux devant tous ces cris. Être à l'écart non pour les fuir, mais pour les offrir, non pour les taire mais pour les amplifier dans le silence de l'adoration. « Être témoin, comme le disait le cardinal Suhard, ne signifie pas s'engager dans la propagande, ni tâcher d'agiter le peuple, mais tâcher d'être un mystère vivant. Il signifie vivre de telle sorte que la vie n'aurait pas de sens si Dieu n'existait pas. » De son côté, l'abbé Pierre avait cette réflexion qui m'a beaucoup aidé et qui m'interpelle toujours : « Il faut croire comme des fous pour aimer comme des dingues. » Sans cette folie, qui est celle-là même de la croix, notre christianisme devient fade, insipide, inodore et incolore. Bref : non crédible !

Naissance d'une fraternité.

Des jeunes m'ont demandé un jour : « Que faire, le samedi, à part regarder la télévision, aller dans des discothèques, boire un verre ? » Je leur ai répondu : « On peut passer une soirée entre chrétiens. » Nous nous sommes retrouvés à l'ermitage le samedi soir suivant pour prier, partager un repas et rire joyeusement. Nous nous sommes revus tous les quinze jours. Le groupe a grandi. Un jour, nous étions environ quatre-vingts ; âgés de deux ans au troisième âge, la grande majorité ayant de dix-huit à trente ans. Actuellement, les soirées se déroulent généralement en trois temps : un temps d'enseignement, un temps de partage fraternel, un temps de prière et d'adoration.

Certains jeunes qui ont eu l'initiative de ces rencontres ont senti aussi l'appel à quitter leur activité professionnelle pour se consacrer au Seigneur. Au début, j'étais très réticent à me lancer dans une aventure communautaire. Pour diverses raisons : ma vie d'ermitage me plaisait beaucoup ; je comptais bien y finir mes jours. La responsabilité d'une aventure communautaire me pesait. Par-dessus tout, la certitude de mon incapacité à me lancer dans une telle œuvre me retenait.

Mais l'appel semblait très clair. Nous étions bien sûr à l'écoute de ce qui se passait autour de nous. Nous avions bien remarqué la soif spirituelle du monde puisque nous la ressentions nous-mêmes profondément. Nous avions été frappés par les paroles du pape Jean-Paul II aux jeunes réunis à Denver le 15 août 1993, pour la journée mondiale de la jeunesse : « Jeunes pèlerins, le Christ a besoin de vous pour éclairer le monde et pour lui montrer le "chemin de la vie" (Ps 14, 11). Le défi consiste à transformer le "oui" de l'Église en vie concrète et réelle. La lutte sera longue et elle requiert chacun de vous. Mettez votre intelligence, vos talents, votre enthousiasme, votre compassion et votre courage au service de la vie. [...] Les hommes ont besoin de la spiritualité fraîche et vitale de l'Évangile. [...] N'ayez pas peur d'aller dans les rues et les places publiques, comme les premiers apôtres qui prêchaient le Christ et la Bonne Nouvelle du salut sur les places des villes, des bourgades et des villages. Ce n'est pas l'heure d'avoir honte de l'Évangile (Rm 1, 16). Il est l'heure de le prêcher du haut des toits (Mt 10, 27). N'ayez pas peur de vous évader de modes de vie confortables et routiniers pour relever le défi de faire connaître le Christ dans la “métropole” moderne. C'est vous qui devez aller “aux départs des chemins” (Mt 22, 9) et inviter tous ceux que vous rencontrerez au banquet que Dieu a préparé pour son peuple. L'Évangile ne doit pas être dissimulé par peur ou par indifférence. Il n'a jamais été conçu pour être dissimulé dans la vie privée. Il doit être mis bien en vue de telle sorte que les hommes puissent voir sa lumière et louer notre Père céleste (Mt 5, 15-16). » Cet appel semblait nous être directement destiné. Nous voulions y répondre.

Nous avions alors demandé un petit signe au Seigneur. Quelque chose de très réaliste, de très concret : une maison. Ou plutôt, une vieille ferme qui ressemble à l'étable de Bethléem. Quelque temps plus tard, une personne nous offrait une ancienne ferme désaffectée qui correspondait exactement à ce que nous cherchions. Pour moi c'était un signe clair, un encouragement à poursuivre ce chemin. Nous avons restauré cette ferme avec l'aide de nombreuses personnes. Ce fut une aventure paradoxale pour la bande d'intellectuels que nous étions, bien maladroits et si peu compétents de nos dix doigts. C'était souvent épique ! Heureusement que des professionnels et des gens de métier sont venus à notre secours pour que notre Bethléem ressemble à quelque chose d'habitable. Un ami prêtre nous consolait un jour en disant : « Dieu ne choisit pas les gens capables, mais il rend capables ceux qu'il choisit. »

C'est ainsi qu'a démarré la petite fraternité Eucharistein. Ce mot veut dire « rendre grâce » ou, plus exactement dans son sens biblique, « tout ramener à Dieu dans la louange et l'action de grâces ». Ce mot nous rappelle bien sûr directement l'Eucharistie qui est notre force et notre source. Nous formons une petite communauté, dotée d'une règle de vie commune. Nos engagements sont annuels. Notre vocation est l'adoration eucharistique et l'évangélisation, avec des missions dans des écoles et des paroisses. Nous désirons vraiment vivre une vie de simplicité matérielle et d'abandon à la Providence.

Pour l'instant, en plus de la prière, nous consacrons beaucoup de temps aux travaux manuels mais aussi à l'accueil. D'autres jeunes se joignent à la fraternité pour un temps de vie commune et partagent aussi notre mission. À une époque « internétisée » où l'on ne parle que de communication, nous essayons de remettre au cœur des relations humaines la communion. On peut beaucoup communiquer sans jamais communier, sans jamais risquer la relation. Voilà une des raisons pour lesquelles, à mon avis, il y a tant de solitude. Comme communauté d'Église, nous sommes appelés à être un lieu de vie et de communion.

Aujourd'hui, je comprends que c'est un grand cadeau que de pouvoir vivre avec ceux et celles qui sont devenus mes frères et sœurs.

3

Demeurer en Christ

Auparavant, je voyageais beaucoup. C'est une richesse que de pouvoir rencontrer des frères et sœurs aux différents coins du monde. Je l'ai fait jusqu'au jour où je me suis retrouvé dans cet ermitage. Je crois que le Seigneur voulait m'apprendre à demeurer avec Lui. Je suis frappé par l'importance de ce mot dans la Bible. « Demeurer », c'est l'attitude première du disciple que Jésus aime dans l'évangile de saint Jean (Jn 1, 39 et 21, 22). Le chapitre quinze du même évangile de saint Jean nous éclaire sur le sens profond de cette attitude. « Demeurer » signifie rester fixé au Christ comme le sarment est ancré sur le cep. Comme le Fils est Un avec le Père. C'est aujourd'hui vivre avec le Christ, pour maintenant et pour toujours.

« Demeurer », c'est être branché par l'amour sur ce qui donne la vie. Combien donc est-ce important de « demeurer » avec Jésus qui est la vie. Car hors de Lui, nous ne pouvons rien faire. Demeurer, prendre du temps pour rester avec Lui, comme on reste au coin du feu pour un brin de causette. Ou plus simplement encore, demeurer dans le silence, sans rien dire, en se regardant. Simplement, car la vie chrétienne est fort simple ; mais Dieu, qu'il est compliqué de devenir simple !

Peu à peu, tout prend une autre dimension. La réussite, l'ambition ? Qu'est-ce que cela veut dire ? J'ai vu dans ma propre vie la vanité de tout cela. Je me souviens d'une expérience vécue au Liban pendant la guerre. Nous étions là-bas pour une mission de paix et nous devions rencontrer le Premier ministre qui se trouvait sur la partie de Beyrouth occupée par la Syrie. Lorsque nous sommes arrivés sur la ligne de démarcation séparant les deux parties de la ville, on a commencé à nous tirer dessus. Des balles, des obus. Nous étions coincés contre le mur d'un bâtiment quand une rafale s'est écrasée au-dessus de nos têtes.

J'ai soudain pensé : « Mince, je vais mourir ici ! Et dire qu'il y a encore tant de choses à faire ! » Une voix dans mon cœur me dit : « Mon pauvre, il n'y a rien à faire, il faut aimer et pardonner, c'est tout. » En priant pour ceux qui nous tiraient dessus, j'ai pensé à une image : une épingle. Je l'interprétais ainsi : la tête, c'était la vie sur la terre, et la pointe, c'était l'éternité. Ce qui donnait un sens à cette petite tête, c'était la pointe. Et l'éternité, ce n'est pas seulement un « après ». C'est aujourd'hui, vivre avec le Christ.

Combien de fois ai-je rencontré des gens, sportifs d'élite, personnalités, qui m'ont dit : « Voilà, j'ai eu ce que le monde désire. Mais il me manque quelque chose : quel est le sens de ma vie ? pourquoi tout cela ? qu'est-ce que je fais là ? » Si l'on place le sens de sa vie dans une profession, une activité, ou même dans des êtres mortels, le jour où ils disparaissent, où l'ambition n'est pas satisfaite, c'est le désespoir. Ce qui compte, ce n'est pas tant ce que l'on fait que l'amour que nous mettons dans ce que nous faisons. C'est de voir Jésus présent partout et de tout faire avec Lui.

De plus en plus, en arrivant dans cet ermitage, j'ai appris à mettre le Christ dans ma vie, surtout dans toutes les occupations quotidiennes, comme ramasser du bois, chercher de l'eau, prendre ma douche en plein air... L'essentiel était toujours le même : Jésus.

Se déposséder de soi.

Une des grandes grâces de ma vie fut de séjourner un mois à la « Piccola Casa della Divina Providenza », une maison connue sous le nom de son fondateur, Giuseppe Cottolengo, située à Turin. C'est un lieu d'accueil de personnes handicapées physiques et mentales profondes. Dès mon arrivée, leur sourire et leur baiser d'accueil, la simplicité de leurs cœurs d'enfants fut une découverte pour moi.

J'ai passé mon premier soir à nettoyer des malades qui étaient pleins d'excréments de la tête aux pieds. La purge avait bien fonctionné ! J'étais bien sûr dégoûté d'abord. Mais plus j'avançais, plus j'étais heureux. Non pas d'avoir la main dans la m... mais de toucher le Corps du Christ. Cette phrase de l'Évangile résonnait dans mon cœur : « Tout ce que tu as fait au plus petit d'entre les miens, c'est à moi que tu l'as fait. » Jésus était là, dans ce frère handicapé, défiguré, blessé. Lorsque, tard dans le nuit, je me suis rendu à la chapelle, j'ai découvert que le même Jésus était présent dans l'Eucharistie. Je crois que c'est la première fois que j'ai vraiment pleuré de joie ; de cette joie qui vient de la dépossession de soi-même.

Cottolengo a vraiment été un tournant dans ma vie. Ce fut la découverte de la vraie richesse cachée : le visage des plus pauvres. Ce sont eux qui ont la clé du cœur, qui nous ouvrent les portes de l'amour. Ils nous font comprendre ce qui est caché par l'intellectualisme. Dans un monde où le souci de paraître est si grand, ils sont les révélateurs de l'essentiel qui est invisible aux yeux de chair. Découverte bouleversante que ce visage de Jésus caché sous des apparences humbles, celles d'un pauvre déficient physiquement ou mentalement, comme celle d'un petit bout de pain, l'hostie consacrée.

Le célibat.

Tout cela m'a préparé à consacrer ma vie au Seigneur. Le célibat, pour moi, était absolument inimaginable à une certaine période de ma vie. Pendant mes études, je me suis éloigné de la foi. Je passais du temps à boire des verres, à fumer des joints. J'ai eu plusieurs relations aussi, avant de vivre quatre ans avec une fille. Ma conversion s'est produite à ce moment-là. Elle passa par la découverte de la vérité sur le mariage et sur la sexualité. Sur la beauté de la chasteté. Je découvrais que le discours du pape sur ces questions n'était pas un message ringard et dépassé, destiné aux « vieux jeunes », comme je me l'imaginais. Non ! Ce message que j'avais rejeté correspondait en fait à la soif de mon cœur. Il était pour moi le mode d'emploi du bonheur et de l'amour vrai. Je découvrais cela comme une claque à travers la douleur d'une vie éloignée de cette vérité.

Je reçus cette claque salutaire en écoutant une cassette du père Daniel-Ange : *Ton corps fait pour l'amour*. Ce fut un véritable choc. La présentation simple et claire d'un amour vrai et pur, exigeant et beau, me fit envie. Je savais, par l'escalade en montagne, que l'effort et la victoire qui couronnent une course difficile apportent une grande joie. C'est en se dépassant soi-même qu'on l'obtient. Ce fut un coup pour mon orgueil de prendre conscience que j'avais tort et que le pape avait raison. Ou plutôt le Christ, qui me parlait par la bouche de Jean-Paul II.

Cette expérience de l'amour vrai, de l'amour qui donne plutôt qu'il ne prend, a été déterminante dans mon chemin de consécration. Je découvrais petit à petit que la grâce de la chasteté est un don de Dieu. Ce don vient au secours de ma faiblesse et permet de conserver la chasteté non seulement du corps mais aussi du cœur, afin de libérer la capacité d'aimer que l'Esprit-Saint dépose en moi. Découvrir qu'il est possible d'être chaste dans un monde d'érotisme, c'est assez déconcertant. Mais découvrir surtout que je suis incapable par mes propres efforts d'acquérir cette pureté, qu'il me faut l'aide de Dieu, c'est réconfortant.

Je sentais aussi l'appel à aimer dans le don total de moi-même. Et c'était au Seigneur que je pouvais me donner totalement. Lui seul avait ce cœur assez grand, assez universel pour combler mes désirs. Je décidais de répondre à cet appel intérieur, de me livrer entièrement à Lui, attendant que Lui-même me redonne à des frères et sœurs. Nous sommes serviteurs et Dieu nous fait la grâce de servir, comme Lui-même s'est fait serviteur en lavant les pieds de ses disciples. Ce chemin de service passe par une mort à soi-même pour que la vie de Dieu se manifeste en nous ; c'est par le regard détourné de soi et tourné vers les besoins de l'autre que l'on se trouve.

Le célibat ne doit pas être l'occasion de vivre une petite vie tranquille, bien rangée. Au fond une vie de vieux garçon coincé dans ses habitudes. Je pense souvent aux parents qui doivent se lever la nuit pour soigner leurs enfants lorsqu'ils sont malades, ou s'en occuper lorsqu'ils ont des cauchemars. Je ne peux pas vivre, en tant que consacré, plus tranquille qu'eux. Et ce n'est pas parce que je n'ai pas d'enfants qui me réveillent la nuit que je peux passer toutes mes nuits allongé sur mon oreiller. Il faut que mon Amour me secoue, me réveille. Que j'aille à sa rencontre. C'est aussi pour cela que je me lève la nuit pour prier ou que j'accepte d'accueillir des visites, même au milieu de la nuit. Prier jour et nuit, puisqu'Il le demande. Prier pour ne pas tomber dans la tiédeur spirituelle. Mais aussi prier par solidarité avec tous ces parents – parfois angoissés, en tout cas fatigués – qui doivent, pendant ce temps-là, se lever la nuit. L'image du vrai chrétien, c'est celui qui veille.

Rôle de la grâce.

Je parlais de ce « jusqu'au bout » qui, au fond, m'empêche de dormir. Mais il est bien clair qu'on ne peut pas aller jusqu'au bout comme cela, le baluchon sur l'épaule. Ce n'est pas possible. En tout cas, pas en comptant sur nos propres forces. Alors comment répondre à cet appel, sans se résigner à une vie sans couleur, terne et confinée à l'intérieur de nos pauvres limites ? Comment ne pas abandonner un idéal

– celui-là même que le Christ nous commande de vivre dans l'Évangile – même lorsqu'on constate concrètement qu'on est incapable de l'assumer ? Le tournant, c'est de comprendre qu'il y a la grâce. C'est la grande révolution du christianisme, le cœur de la vie nouvelle. La grâce, c'est-à-dire la vie de Dieu en nous. Le secours constant de Dieu qui vient en aide à notre faiblesse.

Saint Paul s'émerveille en constatant cela : « Dieu nous a aimés le premier. » « Qu'as-tu que tu n'aies reçu ? » « Et si tu l'as reçu pourquoi t'en vanter comme si tu ne l'avais pas reçu ? » Tant de phrases qui nous rappellent l'essentiel. Chaque jour, je découvre tout ce que j'ai reçu : la vie, les êtres qui m'ont aidé, la grâce d'avoir pu étudier, les rencontres et les expériences humaines. C'est un véritable émerveillement. Je découvre aussi toujours plus ma pauvreté et la joie de pouvoir compter sur Dieu pour avancer.

Je crois que nous vivons une période tragique et orgueilleuse où nous sommes poussés à réussir, à tout faire à la force du poignet. Les gens se rendent bien compte que c'est impossible. Ils dépriment, s'enflent ou se tournent alors vers des pratiques, des techniques – le Nouvel Âge en est plein – afin d'améliorer leur potentiel. Tragique expérience de nos limites, de nos échecs, de nos faiblesses. Pour moi, cette faiblesse devient mon titre de noblesse, la matière première de la grâce. Dieu vient justement au secours de notre faiblesse.

Il faut être Dieu pour réussir un coup pareil : Dieu s'empare de ma misère offerte, Il l'expose au feu de sa miséricorde, et opère, à partir de cette misère offerte, de véritables miracles en moi. Dieu nous prend par la main et nous conduit. Comme le dit ce texte bouleversant de saint Jean au chapitre quinze : « Je suis la vraie vigne, vous êtes les sarments ; hors de moi, vous ne pouvez rien faire. » C'est la seule réponse à l'orgueil démesuré et ridicule du monde actuel.

Deux grands courants religieux.

À y bien regarder, il y a, pour moi, deux grands courants religieux qui traversent l'humanité. Il s'agit en fait de deux attitudes du cœur de l'homme devant Dieu. Chacun est, un jour ou l'autre, appelé à choisir personnellement entre l'une ou l'autre attitude. Le premier courant, c'est celui de l'homme qui se sauve lui-même. Cela se manifeste par le recours à une pratique religieuse ou à de la magie, par l'intermédiaire desquelles on cherche à mettre la main sur Dieu ; par le recours à la science, qui veut tout expliquer ; par notre acharnement à vouloir tout régler par nous-mêmes.

L'autre courant est celui que j'appelle mystique. Il ne s'agit bien sûr pas de ce que l'on entend communément par mystique, voyant je ne sais quel saint saisi d'extase à un mètre du sol. Non. Mystique dans le sens d'une expérience existentielle, viscérale du besoin d'être sauvé. Cela résulte bel et bien d'une expérience :

celle de l'incapacité de se sauver soi-même.

On retrouve cette tradition mystique non seulement dans le christianisme mais dans toutes les religions. Car elle est propre au cœur de l'homme, qui est religieux par nature, c'est-à-dire fait pour être relié à Dieu. C'est la tradition bakti en Inde ou, dans les terres d'Islam, le courant soufi par exemple. À l'inverse, on trouve tant de chrétiens qui, tout en affirmant que le Christ est le Sauveur, agissent et vivent comme s'ils se sauvaient eux-mêmes. L'expérience bouleversante du besoin d'être sauvé se retrouve en fait chez tous les pauvres de Dieu, chez ceux que la Bible appelle les *anawim.* Les *anawim* sont aussi les Rois mages, du reste. En fait, ceux qui voulaient se sauver eux-mêmes, c'étaient les pharisiens. Ils étaient tellement sûrs de leur propre justice, de leur bon droit, qu'ils n'arrivaient pas à reconnaître le Messie dans le visage d'un pauvre, de Jésus.

Ce message est tout à fait actuel pour

tous les pauvres, tous ceux qui sont confrontés à la misère, ou qui, intellectuellement, ne sont pas efficaces et performants, ni très intelligents. Il est pertinent aussi pour tous ceux qui, étant performants, efficaces et intelligents, se cassent la figure un jour, frappés par un licenciement, une épreuve familiale, une épreuve de santé. Tout à coup, c'est l'effondrement total. C'est là qu'on peut découvrir une nouvelle dimension dans l'existence, une délicatesse, une tendresse, parce que l'échec n'est pas la fin de tout. Il est ouverture sur Celui qui nous porte lorsqu'on n'est plus capable de se porter soi-même. Il est enfin essentiel pour tous ceux qui, sans se casser la figure, savent dans la foi que c'est grâce à Dieu qu'ils tiennent debout et lui rendent grâce en conséquence.

La joie dans la souffrance.

Vous parler de la souffrance ? Impossible. Au fond, la souffrance n'existe pas.

Ce qui existe, c'est telle personne qui souffre. Des visages défilent devant moi. Le mal, c'est l'absence d'un bien. À quelqu'un de malade, il manque ce bien qu'on appelle la santé. À celui qui est triste manque ce merveilleux bien qu'est la joie. L'absence et le vide sont horribles à notre nature. Le mal est donc un scandale, contre lequel notre raison s'insurge. Au pied du mur du mal, deux gouffres nous menacent, ceux du désespoir et de la révolte. Ils nous attirent. Au milieu du mur, là où personne ne penserait qu'un passage puisse exister, il y a une échelle. C'est la croix du Christ. Dès qu'elle se révèle à nous, on accède, au-delà du scandale, au mystère.

Ce mystère, c'est le visage de quelqu'un qui a porté la souffrance, qui vient l'habiter de sa présence. Depuis la croix du Christ, le mal a été vaincu. La souffrance peut être transfigurée. Je pense à cette fille qui m'écrivait, après plusieurs nuits de prière devant le Saint-Sacrement : « Menacée de mort, je dus être hospitalisée. Les mois passèrent. Ma vie, privée d'amour, n'avait aucun sens. Il fallait faire quelque chose : je choisis donc d'en finir avec la vie. Je réchappai à la mort par miracle. Je ne comprenais pas pourquoi on ne voulait pas de moi là-haut. J'ai eu l'idée de faire neuf nuits d'adoration devant le Saint-Sacrement. Et Jésus a guéri mes souffrances, pansé mes blessures. Je me laissais bercer dans les bras de Marie. Je me disais que, même si l'on souffre beaucoup et que l'on tombe dans un trou noir, on ne peut que tomber sur Jésus. Je suis tombée sur Jésus, il a été mon tremplin pour me reconduire vers la lumière. » L'Amour descend jusqu'à nous et nous prend par-dessous, pour nous relever délicatement, comme une maman soulève un nourrisson.

C'est cela, la puissance de la rédemption. La question n'est pas de savoir si on va souffrir ou pas. Un jour ou l'autre nous sommes tous confrontés à l'épreuve et à la souffrance. La question est de savoir quel sens donner à cette souffrance. Je pense à cette phrase de l'académicien Thierry Maulnier, qui se dit athée : « Il y a plusieurs grandes religions, mais il n'y en a qu'une qui permette au plus humble des êtres humains penché sur sa pioche, sa brouette ou son registre comptable, au plus médiocre, au plus insignifiant de se croire personnellement sous le regard d'amour de celui qui gouverne les mondes, plus encore, de n'être pas jugé indigne du sacrifice d'un Dieu. » Le christianisme ose regarder la souffrance dans la prunelle des yeux, parce que le Dieu qu'elle proclame n'est pas un Dieu qui ignore la souffrance. Il l'a lui-même vécue jusqu'au bout.

Ce Dieu qui souffre est la preuve que le christianisme est bien une révélation de Dieu, et non une création humaine. L'homme n'aurait jamais pu inventer un Dieu qui souffre, qui se fait pauvre. Pour reprendre le mot de Claudel, Dieu n'est pas venu supprimer la souffrance, ni même l'expliquer, mais l'habiter de sa présence et lui donner un sens. À ce point, devant la croix, il faut faire comme Marie. *Stabat Mater* : elle se tenait debout près de la croix. Quelle force dans cette expression : *stabat Mater* ! Debout comme une colonne, debout comme une prière vivante, le cœur déchiré de compassion, dans le silence, un silence chanté comme la plus belle hymne de louange au Père du ciel.

Il faut aussi écouter des témoins car ce sont eux qui, étant passés par la souffrance, sont comme une icône de la présence du Christ crucifié, ressuscité et vivant au milieu de nous. Je pense à cette lettre de Philippe atteint du sida, une lettre écrite six mois avant sa mort : « Heureuse maladie qui m'ouvre le cœur et l'esprit à la grâce de Dieu. Bienheureuse marque de la miséricorde quand Dieu nous permet de souffrir avec Lui, quand Il vient souffrir par nous et donc aimer par nous. [...] Ce qui importe, ce n'est pas de mourir à la vie du monde mais de naître à celle du ciel. Mourir vivant, voilà mon souhait et ma prière, vivant de la vraie Vie, du désir de la vraie vie qui m'attend. [...] Je suis heureux, heureux de TOUT ce qu'il me donne de vivre. » Ceux qui ont surmonté la souffrance témoignent de la puissance de la Résurrection. Ils manifestent l'espérance folle qu'elle donne ; capable d'agir dans nos faiblesses, elle transforme en béatitude ce qui scandalise le monde et le fait trébucher.

L'espérance de la Résurrection.

L'avènement du Seigneur passe par la Passion du Christ. C'est le sommet de l'amour. Qu'y a-t-il de plus humble et de plus pauvre, de plus scandaleux aussi, qu'un homme qui meurt sur une croix ? Sa vie, Jésus la donne librement pour nous ouvrir les portes du ciel. Notre mouvement vers Dieu ne peut donc s'opérer que lorsque la croix du Christ est plantée dans notre cœur et que sa résurrection est manifestée dans notre vie. Il s'agit aussi, pour chacun, d'un bouleversement cosmique. Extérieurement, les choses ne changeront peut-être pas. Peu importe. Mais intérieurement tout s'éclaire de cette lumière nouvelle. C'est la conversion.

Lorsque le Christ sort libre et vainqueur du tombeau, c'est la victoire définitive de l'amour et de la vie sur le péché et la mort. Il faut se laisser surprendre par l'incroyable, saisir par l'insaisissable, chambouler par cet événement historique et toujours actuel de la Résurrection. On peut nier ce fait, le mettre en doute ou le rejeter. Mon affirmation ne changera pas la réalité.

Je pense à ce communiste russe qui s'est rendu dans un petit village après la révolution d'Octobre pour expliquer aux gens les mérites du communisme athée. Deux heures de discours enflammé et passionné au terme duquel, comme pour montrer sa bonne volonté, le responsable politique passa la parole au prêtre orthodoxe qui assistait à la rencontre. Celui-ci se leva et ne dit qu'une seule chose : *« Christos voskrecie ! »* (Le Christ est ressuscité !) Comme un seul homme, la foule s'est levée et a lancé d'une seule voix cette réponse jaillissant autant du fond du cœur que de la mémoire vivante d'un peuple : *« Istina voskrecie ! »* (Il est vraiment ressuscité !) Tout était dit.

Ce qui est digne d'émerveillement dans l'événement de Pâques, c'est que de ces moyens pauvres que sont la croix et la souffrance, le Christ en fait l'instrument du salut. Toutes nos croix unies à la sienne par l'amour communiquent ce salut au monde, le diffusent, font rayonner la lumière de la Résurrection. Le combat dans lequel nous sommes engagés au cœur du monde ne pourra être gagné que dans la mesure où nous faisons nôtre cette victoire du Christ, où nous nous l'approprions, en quelque sorte. Nous la recevons par la grâce des sacrements et par l'Esprit-Saint qui vit, gémit, prie, agit et aime en nous. Nous voyons bien que la victoire sur les ténèbres ne s'est pas faite en essayant de les chasser. Elle s'est faite, et désormais elle se fera toujours ainsi, en allumant la lumière, en apportant la flamme de l'espérance. De « la petite fille espérance », comme disait Péguy.

Nous sommes tous, mystérieusement mais réellement, rattachés au Christ. C'est de Lui que vient toute grâce. Branché sur le Christ comme à sa source, le chrétien devient un canal de la grâce. Je garde dans mon cœur le souvenir de cette lépreuse rencontrée à Chypre. Elle était là, rongée par la terrible maladie, reposant comme une hostie vivante sur l'autel de son lit. Lorsque je l'ai embrassée, son sourire lumineux laissait transparaître le ciel de son âme ; et d'une voix bien faible, mais ô combien puissante, elle me dit : *« Eucharistia ! »* (Merci !) Tout était dit. J'étais transpercé par ce petit mot qui me rappelait tout le mystère chrétien. C'est l'Eucharistie qui nous rend présent le plus grand mystère d'amour que l'univers ait jamais connu : celui du Dieu fait homme qui meurt sur la croix. C'est l'Eucharistie qui nous communique la force de la Résurrection. C'est l'Eucharistie qui me donne le Christ tout entier pour que ce ne soit plus moi qui vive mais le Christ qui vive, souffre, rayonne en moi. *Eucharistia !*, Oui, merci Seigneur !

Par le Christ, dans le Christ, nous sommes membres les uns les autres. Merveilleuse et à la fois douloureuse solidarité humaine, que Dieu a voulue en nous rachetant tous par un seul. Aussi, lorsqu'une âme s'élève, l'univers entier s'élève. Lorsqu'un homme tombe, l'univers s'abaisse. Il n'est pas trop fort de dire que l'univers entier est mis en branle par un acte d'amour. Il est mis au contraire en péril par tous les refus d'amour. Oui, la création gémit réellement dans les souffrances d'un enfantement, attendant que nous devenions vraiment ce que nous sommes : des enfants de Dieu (Rm 8).

Nos actes et nos prières ont une portée cosmique. En fait, contrairement à tout ce que nous dit l'astrologie, ce ne sont plus les astres qui nous dominent mais l'homme qui influe sur l'univers, selon qu'il laisse ou non la force de la Résurrection agir dans sa vie. C'est la primauté de l'esprit sur la matière. La force transformatrice de l'univers, c'est donc l'amour. L'amour qui va jusqu'au bout, jusqu'au don de sa vie, jusqu'au martyre. Finalement, la vraie prudence chrétienne, c'est le martyre.

Je regrette un christianisme parfois édulcoré qui n'a rien à voir avec le Christ de Pâques. Ce n'est pas la réalité de notre foi, ni ce que nous ont transmis les apôtres, les saints et les martyrs. Seule l'annonce du Christ dans toute la réalité de son mystère pascal nous permet de comprendre dans quelle intimité d'amour nous sommes introduits. Un jour, Jésus demanda à Thérèse d'Avila : « Comment t'appelles-tu ? – Thérèse de Jésus, répondit-elle, et toi ? » Et Jésus de répondre : « Jésus de Thérèse. » Tel est l'admirable échange auquel nous sommes conviés.

4

L'audace évangélique

J'ai totalement redécouvert l'Église, comme une mère, la mienne. Comme un trésor et un mystère à la fois. Je n'avais jamais vraiment critiqué l'Église jusqu'au jour où, victime comme tant d'autres d'un matraquage médiatique s'opposant à l'enseignement de l'Église, j'ai commencé à la rejeter, à la trouver ringarde et dépassée. L'Église me semblait un lieu d'interdits, d'absence de liberté. À preuve, le scandale provoqué par le comportement de certaines personnalités en son sein. Objectivement, historiquement, il y a mille raisons d'être scandalisé devant l'attitude de tel ou tel pape, évêque ou laïc, à certains moments de l'histoire. Mais si l'on s'en tient aux apparences, c'est fini.

Il faut aller plus loin. Derrière les apparences se cache le Christ lui-même. À Jeanne d'Arc, que l'on voulait faire tomber dans un piège, ses juges et bourreaux posèrent cette question : « Alors vous écoutez qui, le Christ ou l'Église ? » Elle eut cette réponse admirable : « Il m'est d'avis que le Christ et l'Église, c'est tout Un. » Petit à petit, j'ai redécouvert l'Église et sa beauté. Elle est devenue pour moi le lieu de ma liberté. L'esclavage ne se trouvait pas là où je le croyais. Mon aliénation ne venait pas de l'Église, mais de l'esprit du monde.

Ce qui m'a libéré, c'est la doctrine de l'Église sur le mariage et la sexualité, c'est-à-dire le point le plus controversé de son enseignement. Je me suis dit alors : « Si l'Église a raison sur le point qui m'embête le plus, si elle proclame une vérité qui me libère, contrairement à ce que je croyais, est-ce qu'elle n'a pas raison sur le reste ? » À partir de là, j'ai commencé humblement à me laisser instruire par elle. Certes je ne comprenais pas tout, mais je partais toujours du principe suivant : « Et si c'était l'Église qui avait raison et moi qui avais tort ? »

Lorsqu'un point me dérangeait dans l'enseignement de l'Église, c'était qu'il me manquait encore une profondeur spirituelle pour accéder au mystère, au-delà du paradoxe ou de l'interrogation. La clé pour comprendre cet enseignement est toujours l'amour. Pas l'amour à l'eau de rose mais l'Amour crucifié. Toutes les portes de l'incompréhension s'ouvraient avec cette clé. On ne peut rien comprendre au message de l'Église si l'on oublie une seconde que nous suivons un Messie crucifié, scandale pour certains croyants, folie pour les non-croyants, mais pour ceux qui l'aiment, puissance et sagesse de Dieu.

Il me semble qu'aujourd'hui, l'Église n'est pas malade de vieillesse, comme on le dit couramment, mais plutôt de frilosité. L'Église d'Occident surtout. Il règne une espèce d'apathie qui fait qu'on ne croit plus à la puissance de l'Évangile. Emmanuel Mounier disait très justement que nous avons besoin d'un « christianisme du grand air » : « Que notre christianisme désincarné s'écroule dans un combat ou qu'il s'assoupisse lentement dans son bien-être, il n'échappera pas au jugement de l'histoire. »

On ne croit plus à ce que l'Écriture signifie et demande à chacun. On ne se laisse pas aimer par le Ressuscité, ni déranger par la vie des saints et des témoins de l'amour de Dieu. On ne croit pas, surtout, que Dieu demande à chacun une réponse de foi claire. Nos arguties, les raisons que nous invoquons pour retarder cette réponse sont anéanties, lorsqu'on rencontre l'amour. Il faut des témoins de cet amour, qui le crient au monde, par le regard, le geste, l'accueil désintéressé de l'autre tel qu'il est. Il faut des lieux pauvres pour tous les pauvres. Mais des lieux où l'amour fuse et se répand par contagion.

Quand j'ai travaillé au Vatican, je me suis rendu compte à quel point l'Église n'est pas riche. Chaque feuille de papier est comptée. Pour avoir un ordinateur, c'est toute une histoire. Les salaires sont très justes aussi. Cette expérience va à l'encontre de certaines idées reçues. Certes, il y a de beaux et grands bâtiments. Mais quelle charge à entretenir ! Financièrement, c'est un cadeau empoisonné.

Dans l'Église que j'aime, je souhaiterais moins de comités et de réunions, plus de prière et d'audace. On taxe souvent de prudence ce qui n'est que de la peur. La folie du message évangélique est étouffée par des montagnes de papier. Je me souviens d'un prêtre du Viêt-Nam qui, après neuf ans de camp, sitôt libéré, courait les rues en parlant de Jésus aux enfants. Et quand je lui dis : « Mais vous risquez votre vie ! », étonné, il répliqua : « Tu te rends compte, les enfants ne connaissent pas Jésus, ici. » Il fut arrêté quelques semaines plus tard.

Et au Cambodge, cette petite fille qui avait fait sept cents kilomètres à pied pour aller chercher l'Eucharistie dans une messe clandestine afin de porter Jésus à sa mère emprisonnée... Et Mère Teresa, qui durant la guerre du Liban s'est rendue sous les bombes dans la partie de Beyrouth occupée par la Syrie ; quand on lui disait qu'elle était folle, elle répondait : « Mais ces enfants ont besoin d'aide, de soin et d'amour ! » Cette audace évangélique, dans notre vieil Occident qu'on dit « chrétien », nous manque beaucoup.

On parle chez nous d'une crise des vocations. Cette question est souvent mal posée. Elle ne s'adresse pas d'abord aux jeunes qui ne répondraient pas aux appels du Seigneur. Elle doit être adressée en priorité à chaque chrétien, à chaque communauté religieuse afin qu'ils s'interrogent sur leur mode de vie, à la lumière de l'Évangile et de sa radicalité. C'est le discours que tient Jean-Paul II aujourd'hui : « J'exhorte tous les disciples du Christ, des familles aux diocèses, des paroisses aux instituts religieux, à faire une révision de vie sincère, dans le sens de la solidarité avec les pauvres. »

Posons-nous la question sérieusement.

Qu'est-ce que nous offrons aux jeunes d'aujourd'hui ? Savons-nous répondre à leurs exigences ? Je me rappelle d'une jeune qui me disait : « Je n'ai pas besoin de discussions et de théories. J'ai besoin d'un Dieu qui me tire du gouffre de l'angoisse et de la mort et me délivre de moi-même. D'un Dieu qui m'arrache des ténèbres et me conduise à la lumière. J'ai besoin d'un réel Sauveur. »

Grands témoins pour notre temps.

Il y a deux types de hiérarchie dans l'Église : la hiérarchie du service, du ministère, qui est l'ordre consacré, et la hiérarchie de sainteté. L'une transmet le message de la part même du Christ, l'autre le joue, dans une vie en plénitude. La seconde est à la première ce que la musique chantée est à la musique notée. Pour une symphonie, il faut que la partition soit belle, complète et juste. Mais la seule partition n'est pas suffisante à faire apprécier la musique. Il faut l'entendre, il faut la voir jouer. C'est le rôle des saints. Ces deux hiérarchies ne s'opposent pas ; elles se complètent. Elles peuvent être réunies en une même personne.

Il faut des saints aujourd'hui, c'est-à-dire des fous de Dieu. Une remarque d'Antoine Chevrier, fondateur des prêtres du Prado à Lyon, me bouleverse : « Les saints ne raisonnaient pas tant. Il vivaient à la lettre l'Évangile. Et c'est parce qu'il y a tant de raisonneurs qu'il y a si peu de saints. » Soyons vraiment reconnaissants à Mère Teresa, qui, de nos jours, a osé montrer que l'Évangile est efficace lorsqu'on y croit vraiment et qu'on fait confiance à Dieu pour qu'Il agisse.

En parlant de témoins, des dizaines de visages se présentent à mon esprit, des jeunes et des moins jeunes, rayonnants d'une paix et d'une joie qui viennent du cœur, là où Dieu habite. De grandes figures du monde politique, authentiques chrétiens, me comblent aussi de joie. Je pense à Robert Schuman, qui a été l'un des artisans de la Communauté européenne du charbon et de l'acier. Le charbon et l'acier étaient le fer de lance de la guerre. Avec Alcide de Gasperi et Konrad Adenauer, tous deux chrétiens convaincus, ils ont réussi à mettre en œuvre cette parole de l'Écriture : « Ils feront de leurs épées des socs de charrue » (Is 2, 4).

Quant à Edmond Michelet, ministre de la Justice sous la présidence du général de Gaulle, son rayonnement a été tel qu'on se dit que la grâce est à l'œuvre, là aussi. De nombreux hommes politiques que je connais sont avant tout des amis de Dieu. Des techniciens ou des scientifiques, comme Pasteur, James Clerk Maxwell, Ampère ou Planck ont mis leur foi au centre de leur vie, et du coup ont eu un génie de la foi qui domine dans tous les domaines. Pensons aussi à cette éminente figure que fut le bienheureux Frédéric Ozanam.

Nous avons besoin de nouveaux saints et pas seulement dans les monastères. Il faut que dans tous les domaines de la vie sociale, politique et économique, des gens décident de transcrire en actes les exigences de l'Évangile. La figure de Gandhi peut les aider. Dans l'Église institutionnelle aussi, il y a des héros de l'évangélisation ; des évêques qui sillonnent leur diocèse, bâton de pèlerin à la main, à la rencontre des communautés, des enfants dans les écoles. Des prêtres, des évêques dans les pays de l'Est ou en Chine, ont été des martyrs de la foi, dans les prisons, les goulags. Je voudrais leur dire merci. Merci de me sortir de la routine pour suivre leur exemple d'amour.

Certains textes de l'Apocalypse me paraissent d'une grande actualité. Un passage sur la tiédeur, dans la lettre à l'Église de Laodicée (Ap 2, 14-22) me frappe. Si le monde est malade, c'est peut-être que cette tiédeur qui ronge le cœur du chrétien refroidit petit à petit le monde entier. Le principal facteur de guérison du monde sera donc de ranimer le foyer de la foi. Une ferveur renouvelée, voilà l'antidote de la tiédeur.

Une petite fille se trouvait devant la cheminée du salon familial. Le feu s'éteignait peu à peu. Elle s'exclama : « Regarde, papa ! le feu a froid ! » C'est vrai, le feu de l'Esprit-Saint est là, mais il a froid en nous. Nous sommes si souvent « blindés », avec un coefficient d'isolation thermique tel que bien des constructeurs l'envieraient pour leurs bâtisses ! Il suffit de l'émerveillement d'un regard d'enfant ou d'un sourire sur un visage ridé pour briser cette dure carapace.

L'enjeu de la préparation du jubilé de l'an 2000 n'est pas de produire des documents et des théories supplémentaires. C'est de rallumer la flamme de la foi, de l'espérance et de la charité. Dans un sursaut de liberté et d'amour, il faut se convaincre de l'efficacité de l'Évangile. Mieux : de sa fécondité.

Remettre Marie à sa place.

La dévotion à Marie, dans la foi d'aujourd'hui, semble revenir au goût du jour. Pour moi, Marie tient une très grande place. Au moment de mourir, le Christ sur la croix dit à sa mère : « Femme, voici ton Fils », et au disciple que Jésus aimait (il n'est pas dit que c'était Jean) : « Voici ta mère. » Ce dernier, sur-le-champ, l'a prise chez lui. Le disciple que Jésus aime, c'est chacun d'entre nous. Jésus a donné à l'Église ce qu'il avait de plus précieux. Ce n'était pas un souci bassement matériel : paie-lui sa sécurité sociale, sinon je ne sais pas comment elle va s'en sortir ! Dans la société de l'époque, il y avait dans chaque famille un responsable des veuves et des orphelins qui assumait la solidarité familiale. Tout était assuré. C'est d'autre chose que Jésus voulait parler. Il nous confie sa mère pour qu'elle nous engendre à notre vie nouvelle d'enfants de Dieu. Elle a engendré le Fils unique du Père, elle engendrera tous ceux qui seront, par Lui, fils et filles de Dieu.

Souvent, on croit que la dévotion à Marie est facultative. Les paroles du Christ sur la croix paraissent bien incontournables. Certains de nos frères et sœurs chrétiens affirment qu'il faut aller directement à Jésus, sans intermédiaire. Comprenons bien. Dieu était pressé de venir nous sauver. Lorsqu'on est pressé, on prend un raccourci. Eh bien, Marie a été ce « raccourci » entre Dieu et les hommes. Porte d'entrée de Dieu sur la terre, elle sera donc aussi la porte d'entrée de la terre au ciel. Si nous sommes pressés de rencontrer Dieu, Marie n'est pas un détour, mais un raccourci de l'homme vers Dieu. Elle n'est là qu'en référence au Christ, pour nous donner son fils.

Dans la Bible, elle est présente à tous les grands moments de l'histoire de la Rédemption. Dans l'histoire de l'Église, elle a toujours été là pour défendre le Christ. Au moment des premiers conciles, quand on disait que Jésus n'était pas Dieu, les conciles affirmèrent que Marie était la mère de Dieu. Quand on disait que Jésus n'était pas un vrai homme, on montrait sur les mosaïques et les tableaux Marie qui donnait le sein à Jésus. Marie a été invoquée pour défendre à la fois la divinité et l'humanité du Christ, ainsi que l'unité de sa personne.

Nous croyons que le Christ reviendra dans la gloire pour juger les vivants et les morts. Cette venue dans la gloire est préparée par Marie. Comme elle a préparé la première venue, elle est également la mère du second avent. C'est du reste autour d'elle que se joue le combat ultime. C'est elle, la femme de l'Apocalypse qui va écraser la tête du serpent, « l'antique ennemi ».

Dans ma vie personnelle, Marie est une mère de tendresse, qui donne toute sa délicatesse à la vie spirituelle. C'est la Mère du *fiat*. Mais j'aime l'appeler, avec l'Église, « Marie, cause de notre joie ». À Cana, elle dira : « Il n'y a plus de vin. » Le vin, dans la Bible, est symbole de la joie. Marie a bien compris qu'il n'y a plus de joie dans l'humanité. Elle se tourne alors vers Jésus pour lui dire : « Ils n'ont plus de vin », ce qui veut dire en traduction spirituelle : « Les hommes ont perdu la joie. À toi de leur donner la joie. » Elle sait qu'il n'y a que son fils qui pourra donner la vraie joie qui comble le cœur de l'homme. L'heure n'est pas encore venue. Jésus n'apportera pas la joie lors de ces noces humaines. Il ne le fera pas en changeant l'eau en vin, mais en changeant le vin en son propre Sang. Sang de l'alliance nouvelle et éternelle, Sang des noces de l'Agneau. « Faites tout ce qu'il vous dira. » Marie nous indique comment accueillir la joie du salut. Pour moi la joie est le signe distinctif du chrétien. Je pense à ce drogué qui disait un jour : « Si le Dieu des chrétiens était vrai, il devraient tous éclater de joie, car un Dieu qui donne un sens à la vie, ça change tout. »

Conclusion

Le grand cri que j'ai envie de pousser aujourd'hui, dans ce monde matérialiste et borné par un horizon qui lui paraît sombre, c'est : éternel. L'homme est fait pour l'éternité. L'histoire a un sens : le salut de tous, la venue en gloire du Christ. Elle est le lieu d'un combat, mais elle aura une fin glorieuse ; la victoire est déjà certaine car elle nous est acquise. L'amour a vaincu la mort. Quand nous prions le *Notre Père*, nous disons : « Que ton règne vienne. » Nous attendons avec une certaine impatience l'avènement de Jésus-Christ qui nous conduira tous par l'Esprit-Saint jusqu'au cœur de notre Père des cieux, qui aime avec des entrailles maternelles. Sans horizon, sans perspective, l'homme court à la mort, avec le suicide comme issue possible. Le souci de l'éternel nous tient à cœur. Notre cœur est fait pour rencontrer Dieu, pour voir Dieu en face.

Tous les mystiques ont ce désir de voir Dieu en face. Ce désir brûle aussi notre cœur... Le monde est un tout. Mieux : un tout objectivement bien ordonné. Ou bien l'homme reconnaît l'existence de Dieu et accepte humblement l'ordre de la création inscrit dans la nature même des choses et des êtres. Nous verrons alors des fruits de paix, de justice et de solidarité. En un mot, c'est la possibilité réelle de la construction d'une civilisation de l'amour. Ou bien l'homme continue à jouer l'apprenti sorcier avec les conséquences douloureuses que nous connaissons déjà. Il y a un choix à faire. Un choix crucial dans tous les sens du mot. Et le temps presse...

Dieu ne cesse de nous faire signe, Lui qui est avec nous jusqu'à la fin des temps. Que de miracles il m'a été donné de voir simplement parce que des personnes, des couples, blessés, ont remis Dieu au cœur de leur vie. Parce qu'ils ont accepté que Jésus établisse son règne d'amour dans leur cœur et dans tous les aspects de leur existence. Accepter Dieu, c'est accepter les Béatitudes, c'est découvrir le bonheur. Les Béatitudes, c'est le monde à l'envers, mais la vie à l'endroit. *To be or not to be*, telle était la question. *To be*, telle est la réponse. Et pour être, il faut aller à la source brûlante et vivifiante. Aujourd'hui, le feu que le Christ a allumé sur la terre a froid. À nous de le réchauffer.

Table des matières

Paroles pour vivre

Collection dirigée par Blandine de Dinechin

Leur expérience de la vie les pousse à partager des convictions fortes avec tous ceux qui cherchent des raisons de vivre, des raisons d'espérer. Un livre de poche, accompagné dans certains cas d'une vidéocassette, permet à tous, jeunes et moins jeunes, de rencontrer des grands témoins de la foi en l'homme, de la foi en Dieu.

Alain de Broca, *Adieu, pitchoun* !
Nicolas Buttet, *Brûlé au soleil de Dieu.*
Pierre Ceyrac, *Pèlerin des frontières.*
Françoise Chantraine, *La Danse de la vie.*
Myra Daridan, *Un islam du cœur.*
Jean Debruynne, *Les Racines de la liberté.*
Michel Evdokimov, *Une voix chez les orthodoxes.*
Colette Kessler, *Pour un judaïsme libre et fidèle.*
Marie-Thérèse van Lunen Chenu, *Femmes et Hommes.*
Philippe Maillard, *Au bonheur d'aimer.*
Régine Pernoud, *Histoire et lumière.*
Monique Peytral, *Les Couleurs du temps.*
Mgr Albert Rouet, *La Confiance du veilleur.*
Souliko, *Une voix, un cri.*

Achevé d'imprimer en septembre 1998
dans les ateliers de Normandie Roto Impression s.a.
N° d'édition : 10915
N° d'impression : 980959
Dépôt légal : septembre 1998

Imprimé en France